Mein Bastelbuch
NATURMATERIALIEN

Mein Bastelbuch
NATURMATERIALIEN

Inhaltsverzeichnis

... und Achtung, fertig, los!

Rinde und Zweige

Zweige findest du überall.
Sie liegen auf Wiesen,
in Gärten oder
am Straßenrand.
Rindenstücke erbeutest
du aber am besten
im Wald.

Blumen

Blüten sehen immer
hübsch aus. Wenn du
sie trocknest und presst,
halten sie viel länger
und du kannst
tolle Kunst-
werke damit
erschaffen.

Zapfen

Kiefern-, Tannen- und
Lerchenzapfen: von groß
bis klein liegen sie
auf dem Waldboden
verstreut. Sie warten
nur darauf von dir
aufgesammelt und
verbastelt zu
werden.

Muscheln

Packe beim nächsten Strand-
spaziergang unbedingt einen Beutel ein!
Im Sand gibt es viele tolle Muscheln zu entdecken,
die du für deine Bastelkiste gut gebrauchen kannst.

Nussschalen

Knack die Nuss! Wenn du
dabei ganz
vorsichtig bist,
kannst du die
Schalen später
auf kreative
Weise um-
funktionieren,
z.B. zu einem
Minisegelboot.

Hagebutten oder Lampionblumen

Mit diesen Materialien
bringst du all deine
Bastelarbeiten zum
Leuchten. Hagebutten
werden leider
schnell schrumpelig,
aber Lampionblumen
strahlen lange in
kräftigem Orange.

Materialkunde

Steine

Das beständigste
Naturmaterial,
das es gibt.
Du findest sie überall
in vielen verschiedenen Formen und
du kannst sie ganz einfach in deinen
Lieblingsfarben bemalen.

Bucheckern und Esskastanien

Achtung, das piekst! Auch wenn
du beim Pflücken und Basteln
vorsichtig sein musst, sind
die Schale einer Esskastanie
und der Fruchtbecher einer
Buchecker ein prima Körper
für deinen Igel oder ein
süßer Hut für dein
Eichelmännchen.

Blätter

Der Herbst ist da?
Ab nach draußen!
Blätter einsammeln,
pressen und verbasteln.
Das sind immer hübsche
Farbtupfer.

Holzscheiben

Holzscheiben kann dir ein Erwachsener
entweder von einem Ast oder Stamm
absägen oder du
bittest ihn, sie
dir zu kaufen.
Ihr findet sie z.B.
im Bastelladen
oder im Baumarkt.

Kastanien und Eicheln

Eignen sich besonders
gut zum Männchen
basteln. Sie dürfen in
deiner Sammlung auf keinen Fall fehlen. Aber Achtung!
Wenn du sie zu lange aufhebst, werden sie schlecht.

Gut zu wissen ...

Permanentmarker

Für viele Basteleien in diesem Buch sind Permanentmarker eine gute Hilfe. Du kannst mit ihnen sehr genau zeichnen, sie decken gut und halten auf den unterschiedlichsten Materialien. Ob auf Holz, Stein, Kastanien oder Blättern – sie sind eine echte Allzweckwaffe. Am besten hast du immer diese drei Farben in deiner Bastelkiste: Schwarz, Weiß und Rosa.

Schaschlikspieße

Schaschlikspieße sind ideal, um Kastanien und Eicheln miteinander zu verbinden. Dafür musst du die Spieße vorher nur mit einer Schere in ausreichend kleine Stücke schneiden.

Heißkleber

Vorsicht heiß! Dieser Kleber ist zwar sehr praktisch, weil er gut klebt und schnell hart wird, aber du solltest dir damit immer von einem Erwachsenen helfen lassen, weil man sich schnell die Finger daran verbrennen kann. Wenn du etwas mehr Zeit hast, kannst du aber auch Alleskleber verwenden. Er klebt genauso gut, es dauert nur länger, bis er getrocknet ist.

Kastanienbohrer

Mit einem Kastanienbohrer kannst du nicht nur Kastanien anbohren. Auch Holz, Eicheln, Zapfen oder andere Naturmaterialien bekommen damit ein Loch. Kastanienbohrer gibt es in unterschiedlichen Stärken. Manchmal brauchst du einen ganz dünnen Bohrer, manchmal einen etwas dickeren – je nachdem, wie groß das Loch werden soll, das du bohrst.

Birkenrinde ablösen

Damit sich Rinde vom Stamm löst, ist etwas Fingerspitzengefühl gefragt. Du solltest sie niemals von lebenden Bäumen schälen. Das bekommt dem Baum nicht gut. Im schlimmsten Fall kann er davon sogar eingehen. Suche dir also einen toten Baumstamm. Nimm ein scharfes Messer und ritze den Stamm damit zweimal rundherum ein. Die Einschnitte liegen dabei so weit auseinander, wie dein Rindenstück breit sein soll. Schneide dann erneut in das Holz, dieses Mal aber längs von Linie zu Linie. Dann schiebst du die Messerspitze vorsichtig unter eine Ecke und ziehst die Rinde langsam Stück für Stück ab. Am besten lässt du dir dabei von einem Erwachsenen helfen.

Blätter pressen

Es gibt Blätter- und Blütenpressen zu kaufen. Du kannst deine Fundstücke aber auch einfach in dicken Büchern trocknen.

Sammle Blätter und Blüten nur, wenn es draußen trocken ist. Säubere sie gut, damit sie keine Flecken hinterlassen. Dann legst du Zeitungspapier zwischen ein paar Buchseiten, ordnest die Blätter oder Blüten darauf an und packst einen Stapel Bücher auf das geschlossene Buch. Nach 2 Wochen kannst du deine gepressten Blätter z. B. auf Postkarten kleben. Aber sei schön vorsichtig: Getrocknele Blätter und Blüten sind empfindlich und brechen leicht.

Äste schälen

Für manche Projekte brauchst du Äste ohne Rinde. Bei einigen Stöcken, die du im Wald findest, löst sich die Rinde ganz einfach ab. Bei anderen musst du eventuell mit einem scharfen Messer ein bisschen nachhelfen. Du kannst die Äste aber auch mit Schleifpapier prima „nackig" machen.

Spiel und Spaß

Kullernde Kastanien und raschelnde Blätter laden zum
Spielen ein! Mit ein paar kleinen Handgriffen lassen sich
aus Naturmaterialien die tollsten Spielsachen selber basteln.
Ob es dann ein Rindenschiff, eine Kastanienschleuder oder
gleich eine ganze Eichelfamilie sein soll, ist dir überlassen.

Schlangen

aus Früchten

mittel

Material

★ 7 Hagebutten
★ 5 Zieräpfel in Rot
★ 10 Zieräpfel in Gelb-Orange
★ 3 Lampions einer Lampionblume
★ 1 Eichelkappe
★ 6 Wackelaugen, ø 1 cm
★ 3 Baumwollschnüre,
jeweils ca. 30 cm lang
★ Nadel mit breitem Nadelöhr
★ Alleskleber

3. Wenn dir deine Schlange lang genug erscheint, stichst du mit der Nadel jeweils einmal in das Ende eines Lampions und dann wieder hinaus. Verknote die Schnur und schneide das restliche Ende ab.

4. Zum Schluss kannst du deinen Schlangen aus Eichelkappen oder anderen Naturfundstücken noch lustige Mützen ankleben.

Tipp:

Du kannst statt Hagebutten oder Zieräpfeln auch Kastanien, Eicheln, Zapfen oder Blätter für deine Schlangen benutzen. Bei harten Gegenständen solltest du allerdings ein Loch mit dem Kastanienbohrer vorbohren.

So wird's gemacht:

1. Klebe je zwei Wackelaugen auf einen Lampion. Das werden später die Köpfe deiner Schlangen.

2. Fädele dann eine der Schnüre durch die Nadel und verknote ein Ende. Anschließend stichst du die Nadel durch die Hagebutten oder Zieräpfel und fädelst so Frucht für Frucht auf. Wiederhole das Ganze auch für die restlichen zwei Fäden.

Tic-Tac-Toe
mit Eichelkappen

superleicht

Material

★ 1 Holzscheibe, ca. 15 x 15 cm groß
★ 10 Eichelkappen
★ Acrylfarbe in Rot und Blau
★ Permanentmarker in Weiß, Grün und Orange
★ Pinsel
★ Bleistift
★ Lineal

2. Nun bemalst du je fünf Eichelkappen auf der Oberseite mit blauer und fünf mit roter Acrylfarbe. Lass sie gut trocknen.

3. Danach zeichnest du mit orangefarbenem Permanentmarker Kreise auf die roten Eichelkappen. Auf die blauen malst du mit grünem Permanentmarker ein Kreuz. Lass die Farben gut trocknen, dann kannst du losspielen.

So wird's gemacht:

1. Zeichne mit Lineal und Bleistift je zwei Linien senkrecht und zwei Linien waagerecht in gleichem Abstand zueinander auf die Holzscheibe. Dann ziehst du alles mit einem weißen Permanentmarker nach. So entsteht dein Spielbrett.

Spielregeln:

Du und dein Mitspieler bekommen je fünf Eichelkappen in der gleichen Farbe und legen abwechselnd eine davon in ein freies Feld. Derjenige, der als erster drei Steine in eine Reihe setzen konnte, egal ob nebeneinander, untereinander oder schräg, gewinnt. Sonst gibt es ein Unentschieden.

Apfelmann
und Birnenfräulein

superleicht

Material

★ 3 Äpfel und 1 Birne oder Quitte
in verschiedenen Größen
★ 2 Äste, je ca. 40 cm lang
★ weitere kleine Äste (für die Arme)
★ 4 Wackelaugen, ø 1 cm
★ 4 Nelken
★ ca. 12 Farnblätter
★ 3 kleine Blätter
★ 2 Hagebutten
★ Blüten
★ 1 Esskastanienschale
★ Maisstroh
★ Alleskleber
★ Schraubenzieher

So wird's gemacht:

1. Durchbohre den großen Apfel und die Birne ganz und die kleinen Äpfel zur Hälfte mit einem Schraubenzieher.

2. Stecke nun zuerst den großen und anschließend den kleinen Apfel auf einen der langen Äste. Das Gleiche wiederholst du mit der Birne und dem Apfel. Füge am unteren Obst jeweils zwei kleine Äste an den Seiten hinzu, sodass dein Männchen Arme bekommt.

3. Klebe je zwei Wackelaugen auf die kleinen Äpfel. Dann kannst du nach Lust und Laune dekorieren. Befestige eine Hagebutte als Nase, Nelken als Mund, einen Bart aus Maisstroh, Haare aus Blumen, ein Röckchen aus Farnblättern oder was dir sonst noch einfällt. Du hast bestimmt noch mehr lustige Ideen!

4. Zum Schluss werden deine Obstmännchen mit dem Ast in ein Beet gesteckt.

Tipp:
Deine Obstmännchen
brauchen Gesellschaft?
Bastle eine ganze
Obst-Familie, damit
sie zusammen Spaß
haben können!

Familie Eichel

auf Wanderschaft

mittel

So wird's gemacht:

Für die Mutter und den Vater:

1. Bohre mithilfe einer Prickelnadel je ein Ende von zwei Eicheln an. Halbiere einen Zahnstocher und gib etwas Kleber auf die Enden einer Zahnstocher-Hälfte. Dann steckst du die Enden in die vorgebohrten Löcher der Eicheln und verbindest so Kopf und Körper miteinander.

2. Durchbohre nun von außen zwei Eichel-kappen in der Mitte und stich weitere vier Löcher für die Arme und Beine in den Eichel-Körper. Anschließend befestigst du vier Zahnstocher-Hälften darin und fügst

an den Beinen jeweils noch Eichelkappen als Füße hinzu. Achte darauf, dass die Beine gleich lang sind, damit dein Männchen später einen guten Stand hat.

3. Zum Schluss malst du mit Permanentmarkern Gesichter auf die Köpfe und setzt Mutter und Vater einen Eichelkappenhut auf. Mama Eichel bekommt noch eine Blüte als Hutverzierung und Papa Eichel eine Eichelkappenpfeife.

Material

★ 8 Eicheln in verschiedenen Größen

★ 16 Eichelkappen

★ 1 Beerenzweig

★ 1 Esskastanienschale

★ 1 Hortensienblüte

★ Zahnstocher

★ Permanentmarker in Rot, Weiß und Schwarz

★ Prickelnadel

★ Alleskleber

Für den Hund:
Klebe eine kleine Eichel mit Kappe (Kopf) oben seitlich auf einer größeren Eichel (Körper) fest. Fixiere vier Eichelkappen am Körper und bringe zusätzlich noch einen Ast als Leine an. Jetzt braucht der Hund nur noch Augen – fertig!

Für den Bruder und die Schwester:
1. Bohre je vier Löcher für Arme und Beine in eine Eichel und bringe wie oben beschrieben mit Klebstoff vier Zahnstocher-Hälften als Arme und Beine an.

2. Befestige die Eichelkappenfüße und male die Gesichter auf. Dann bekommen Bruder und Schwester mit Esskastanienschale und Beerenzweig noch die passende Frisur.

Tipp:

Falls du noch
Bewohner für dein
Häuschen suchst,
wie wäre es mit ein paar
Eichelmännchen?

Spielhütte
für Abenteurer

mittel

Material

★ 1 Käseschachtel aus Holz, ø 11 cm
★ kleine gerade Äste, möglichst trocken, damit sie sich gut brechen lassen
★ Rispen von Pampasgras
★ Juteschnur
★ Alleskleber oder Heißkleber
★ Schere
★ Wäscheklammern

So wird's gemacht:

1. Brich die Äste so auseinander, dass du ca. 15 cm lange Stücke erhälst. Insgesamt brauchst du ca. 30–40 solcher Stücke. Stelle zusätzlich noch 10–15 Äste her, die nur ca. 4 cm lang sind. Jetzt kannst du loslegen.

2. Gib etwas Alleskleber auf den Rand deiner Käseschachtel und klebe die Äste daran schön aufrecht und gerade fest. Wenn du sie mit Wäscheklammern fixierst, verhinderst du, dass sie verrutschen während der Kleber trocknet. Es geht schneller, wenn du Heißkleber verwendest, aber dann solltest du dir unbedingt von einem Erwachsenen helfen lassen.

3. Bringe die langen Äste rings um die Schachtel herum an und lass nur eine Lücke von ca. 8 cm frei. Das wird dein Eingang. Dort klebst du die kleinen Äste fest. Jetzt steht das Grundgerüst für dein Haus.

4. Es fehlt nur noch das Dach. Lege dafür ca. 8–10 Rispen von Pampas- oder Schilfgras zu einem Bündel zusammen und binde die dickeren Enden mit einem Stück Juteschnur zusammen. Dann fächerst du die Rispen so nach außen auf, dass sie ein Dach ergeben. Falls sie dir zu lang sind, kannst du die Spitzen etwas abschneiden. Dann wird dein Dach auch dichter.

5. Stülpe das Dach über dein Häuschen und schon kannst du losspielen.

Putziger Steinzoo

superleicht

Material

★ Steine in verschiedenen Größen und Formen
★ Permanentmarker, 0,8 mm dick, in Weiß, Schwarz und Rosa
★ Filzreste in verschiedenen Farben
★ Stickgarn oder Wolle in verschiedenen Farben
★ Alleskleber oder Heißkleber

So wird's gemacht:

1. Mach dich auf die Suche nach geeigneten Steinen. Am Ufer von Flüssen findest du oft schöne, glatte Kiesel. Du brauchst verschiedene Größen und Formen.

2. Lege deine Beute vor dich hin und überlege dir, welche Steine zusammengeklebt welches Tier ergeben könnten. Lass deiner Fantasie freien Lauf. Dann klebst du die Steine mit Heiß- oder Alleskleber so zusammen, wie du es dir vorgestellt hast.

3. Als nächstes malst du den Tieren Gesichter auf. Benutze dafür dünne Permanentmarker.

4. Zuletzt verzierst du deine Tiere noch mit Mähne, Rüssel, Schnabel, Ohren oder Beinen aus Filzresten und bringst einen Tierschwanz aus Wolle oder Stickgarn an. Fertig ist dein Steinzoo.

Bunte
Kastanienschleuder

mittel

Material

FÜR EINE SCHLEUDER

★ 1 Kastanie
★ Krepppapier in
3 verschiedenen Farben
★ Schnur
★ Kastanienbohrer
★ Schere
★ Klebeband

So wird's gemacht:

1. Zuerst bohrst du mit dem Kastanienbohrer einmal quer durch die Kastanie. Das entstandene Loch sollte groß, sauber und vor allem durchgängig sein. Dann schneidest du ein ca. 20 cm langes Stück Schnur zurecht und fädelst es durch das Loch in der Kastanie.

2. Als nächstes schneidest du 1 cm breite Streifen Krepppapier von einer Rolle ab. Du brauchst ca. zwei Streifen von jeder Farbe. Schneide am besten immer direkt durch die ganze Rolle, sodass du kleine Röllchen erhältst, die du dann auseinanderwickelst.

3. Schneide daraus 40 cm lange Streifen zurecht. Lege sie ordentlich übereinander und platziere dann die freien Schnurenden deiner Kastanie darüber. Verdrehe Schnur und Krepppapier miteinander und umwickle die ersten eingedrehten 3 cm mit einem Streifen Klebeband.

Rindenschiff

Ahoi!

So wird's gemacht:

1. Für das Floß brauchst du ein dickes Stück Rinde. Es sollte leicht gebogen sein, damit es schwimmt. Die besten Rindenstücke findest du an alten, umgestürzten Bäumen.

2. Schneide von deinem Sektkorken mit dem scharfen Messer zwei dünne und eine dicke Scheibe ab. Dann stichst du mithilfe einer Prickelnadel ein Loch durch die zwei dünnen Scheiben.

3. Zerschneide ein 40 cm langes Stück Schnur in der Mitte und fädele auf jede Hälfte eine Scheibe auf. Verknote jede Schnur an einem Ende und klebe die Korkenscheiben jeweils mit der Knotenseite nach unten zeigend an den Anfang und das Ende deines Floßes.

4. Stecke den Schaschlikspieß mit der spitzen Seite in die dicke Korkenscheibe und klebe diese dann mittig auf das Floß. Jetzt ziehst du die beiden losen Schnurenden bis zur Spitze des Schaschlikspießes und verknotest sie dort. Zur Sicherheit kannst du sie auch noch mit etwas Klebstoff befestigen.

5. Als nächstes kümmerst du dich um das Segel. Schneide die dünne Rinde zu einem Dreieck und klebe sie dann vorsichtig an den Mast. Mit einer Wäscheklammer hält alles gut zusammen, bis der Klebstoff getrocknet ist.

6. Dann zeichnest du einen Totenkopf auf den Fotokarton und klebst ihn ebenfalls am Mast fest.

7. Damit dein Schiff auf großen Gewässern immer wieder in seinen Hafen findet, solltest du noch ein langes Stück Schnur um eine der dünnen Korkenscheiben binden. So kannst du dein Floß immer wieder an Land ziehen.

Material

* dicke Rinde, ca. 30 x 15 cm
* dünne Rinde, ca. 10 x 15 cm
* Fotokarton in Schwarz, ca. 5 x 3,5 cm
* 1 Sektkorken
* 1 Schaschlikspieß, ca. 30 cm lang
* Schnur
* Permanentmarker in Weiß
* scharfes Messer
* Prickelnadel
* Alleskleber

Tipp:

Für einen wilden Piraten, baust du dir ein Eichelmännchen, klebst zusätzlich einen Hut und eine Augenklappe aus Fotokarton auf und wickelst ihm einen Schal aus rotem Filz um.

knifflig

Herr
Ringelrinde

Material

★ Birkenrinde, 12 x 20 cm
★ 1 Klorolle
★ 2 Eichelkappen
★ 2 Kastanien
★ 2 Eicheln
★ 1 kleiner Lerchenzapfen
★ 2 kleine Blätter
★ Beeren-Äste
★ Ast, ca. 30 cm lang
★ Juteschnur, 2 x 15 cm und 2 x 10 cm
★ dünne Baumwollschnur, 1,5 m lang
★ Permanentmarker in
Schwarz, Weiß und Rot
★ Tacker
★ Cuttermesser
★ Kastanienbohrer
★ Alleskleber
oder Heißkleber

So wird's gemacht:

1. Schäle zuerst die Rinde von einem Birkenast ab (siehe Grundanleitung). Hol dir dafür am besten Hilfe bei einem Erwachsenen.

2. Bestreiche die Klorolle außen mit Bastelkleber und klebe die Birkenrinde um die Rolle. Gut andrücken und über-stehende Reste abschneiden.

3. Durchbohre nun mit einem Kastanien-bohrer jeweils mittig die Eicheln und Kastanien. Fädele die längeren Jute-schnüre durch die Kastanien und die kürzeren durch die Eicheln. Sichere jede Schnur mit einem Knoten.

4. Bohre etwa auf der Hälfte der Rindenrolle rechts und links zwei Löcher für die Arme. Füge außerdem am unteren Ende noch zwei Löcher für die Beine hinzu. Fädele die freien Schnurenden durch die Löcher und sichere alle Schnüre auf der Innenseite der Rolle erneut mit einem Knoten. Jetzt hast du schon ein kleines Männlein.

5. Bemale die Eichelkappen innen mit weißem und schwarzem Permanentmarker und klebe die so entstandenen Augen mit Bastelkleber außen an dein Männchen. Verziere die Augen jeweils mit einem Blatt und bringe noch einen Lerchenzapfen als Nase an. Dann malst du den Mund ebenfalls mit Permanentmarker auf.

6. Als nächstes schneidest du vier 35 cm lange Baumwollschnüre zurecht. Bohre zwei gegenüberliegende Löcher in den oberen Rand deiner Figur. Ziehe je einen Faden durch ein Loch und verknote das Ende auf der Innenseite. Dann knotest du je eine Schnur an die Eichelarme.

7. Binde die vier Schnurenden an einem Ast fest und schon kann sich deine Marionette bewegen. Zum Schluss steckst du noch ein paar kleine Beerenäste als Haare in die Rolle: Fertig ist Herr Ringelrinde!

Nützliches

Mit Naturmaterialien lässt sich wunderbar spielen. Du kannst aber auch nützliche Dinge damit bauen: z. B. ein Bienenhotel für den Garten oder ein Eislicht für den Balkon. Oder du versuchst zuerst ein kleines Projekt: Wie wäre es mit einem hübschen Schlüsselanhänger aus Zweigen?

Fruchtige Vogelfutterstation

mittel

Material

★ 2 Orangen
★ 300 g Vogelfutter (Winterstreufutter)
★ 250 g Kokosfett
★ 6 Schaschlikspieße
★ Schnur zum Aufhängen
★ Messer
★ Schere
★ Trinkglas

So wird's gemacht:

1. Zuerst halbierst du die Orangen mit einem Messer. Dann höhlst du sie vorsichtig mit einem Löffel aus, bis das ganze Fruchtfleisch entfernt ist. Achte darauf, dass du die Schale nicht verletzt. Sie darf keine Löcher haben.

2. Als nächstes stichst du zwei Schaschlikspieße über Kreuz durch das obere Drittel einer Orangenhälfte. Die Spitzen der Schaschlikspieße schneidest du mithilfe einer Schere ab.

3. Erwärme das Kokosfett in einem Topf auf dem Herd; lass dir dabei von einem Erwachsenen helfen. Das Fett soll sich nur auflösen, soll aber nicht heiß werden. Gib das Vogelfutter in die geschmolzene Kokosmasse und verrühre das Ganze mit einem Löffel.

4. Dann stellst du die Orangenhälfte mit der Unterseite auf ein Glas, so kann sie nicht wegrutschen. Fülle vorsichtig mit einem Löffel den Vogelfuttermix hinein und lass das Ganze erkalten. Das Vogelfutter verbindet sich mit dem Fett und wird zu einem harten Block.

5. Knote nun jeweils ein ca. 30 cm langes Stück Schnur an zwei gegenüberliegende Enden eines Schaschlikspießes. Nimm die beiden Fäden zusammen und verknote sie zu einem großen Knoten. So lässt sich deine Vogelfutterstelle prima aufhängen.

Tipp:

Deine Vogelfutterstelle sollte ausreichend hoch hängen, damit die Vögel in Ruhe picken können und nicht durch Katzenbesuch gestört werden.

Tipp:

Wenn du Schnittlauch- oder andere Kräutersamen auf die Watte streust, bekommen deine Eierköpfe nicht nur unterschiedliche Frisuren. Du kannst dir so auch einen kleinen Kräutergarten anlegen.

superleicht

Haarige Eierköpfe

Material

- ★ 6 Eier
- ★ Watte
- ★ Kressesamen
- ★ 1 Kastanienschale
- ★ 1 Lampion einer Lampionblume
- ★ 2 Eichelkappen
- ★ 1 Beerenzweig
- ★ Permanentmarker in Schwarz, Weiß, Rot und Rosa

3. Dann verzierst du einige deiner Köpfe mit Naturfundstücken. Ein paar Beeren als Haarschmuck, eine Kastanienschale als Hut, einen Lampion als Mütze oder zwei Eichelkappen als Ohrwärmer. Bestimmt fällt dir noch mehr ein!

4. Befülle die noch leeren Eierschalen mit einem Stück Watte in der Größe eines Tischtennisballs, gieße ein wenig Wasser darauf und gib zum Schluss ein paar Kressesamen darüber. Nun kannst du beobachten, wie deinen Köpfen innerhalb weniger Tage grüne Haare wachsen!

So wird's gemacht:

1. Schlage das obere Drittel von deinen Eiern ab. Am besten geht das, wenn du das Ei vorsichtig auf eine Tischkante schlägst und es dann an dem kleinen Knick aufhebelst. Gieße das Innere der Eier in eine Schüssel. Säubere die Eierschalen gründlich von innen und außen mit Spülmittel und warmem Wasser und lass sie gut trocknen.

2. Als Nächstes zeichnest du mit Permanentmarkern lustige Gesichter auf die Eierschalen. Statt die Augen aufzumalen, kannst du auch Wackelaugen aufkleben.

Schlüsselanhänger
aus Fundstücken

superleicht

Material

FÜR DIE STERNE

★ dünne Äste

★ Stickgarn, in Rot oder Gelb

★ Alleskleber

★ Schlüsselring

FÜR DIE KETTEN

★ Kastanien

★ Holzscheiben, ø ca. 3 cm

★ Eicheln

★ Holzkugeln in verschiedenen
Größen und Farben

★ Walnüsse

★ Kastanienbohrer

★ Schnur

★ Schlüsselring

So wird's gemacht:

Sterne

1. Brich einen dünnen Ast in fünf gleich lange Teile (ca. 10–13 cm).

2. Lege die Äste zu einem Stern zusammen. Lass die Spitzen am Ende immer ein Stück überlappen. Dann klebst du die Stellen, an denen sich die Äste berühren, mit einem kleinen Klecks Klebstoff zusammen und lässt alles gut trocknen.

3. Wickle ein ca. 15 cm langes Stück Stickgarn um jede Sternspitze. So hält dein Stern noch besser zusammen.

4. Schneide ein weiteres Stück Stickgarn ab und knote das eine Ende um eine Sternspitze, das andere Ende um einen Schlüsselring.

Kette

1. Durchbohre alle Naturmaterialien mit einem Kastanienbohrer. Reihe Kastanien, Holzscheiben, Eicheln, Perlen und Walnuss vor dir auf.

2. Schneide ein ca. 30 cm langes Stück Schnur zurecht und verknote ein Ende.

3. Fädle all deine Schätze auf die Schnur und knote das freie Ende an einem Schlüsselring fest.

Tipp:

Die kleinen Kerzen sind
ein tolles Geschenk, das man
aus den Muschelfunden des
letzten Urlaubs basteln kann.
Wenn du also das nächste
Mal am Strand bist:
Augen auf!

Fröhliche Muschelkerzen

 superleicht

So wird's gemacht:

1. Entferne aus den Teelichtern den Docht samt Dochthalter. Hole dafür das Teelicht aus dem Alumantel heraus und drehe es um. Dann greifst du das silberne Plättchen und ziehst daran.

2. Fülle einen tiefen Teller mit Sand und drücke die Muscheln so hinein, dass sie guten Halt haben und gerade sind. Dann lässt sich das Wachs später einfacher eingießen.

3. Platziere Dochthalter und Docht mittig in deinen Muscheln.

4. Jetzt wird's heiß! Lass dir auf jeden Fall von einem Erwachsenen helfen. Erhitze das Wachs deines Teelichtes zusammen mit einem kleinen Stück Wachsmalstift in einer Aluschale im Wasserbad. Ist das Wachs komplett geschmolzen, kannst du es vorsichtig in eine Muschel füllen. Achte dabei darauf, dass der Docht mittig bleibt und nicht verrutscht. Wenn die Kerzen gut ausgekühlt sind, kannst du sie aus dem Sand entfernen.

Material
★ verschiedene Muscheln
★ Teelichter
★ Aluschale
★ Topf für Wasserbad
★ tiefer Teller
★ Sand
★ Wachsmalstift-Reste in verschiedenen Farben

superleicht

Türschild
der Familie Stock

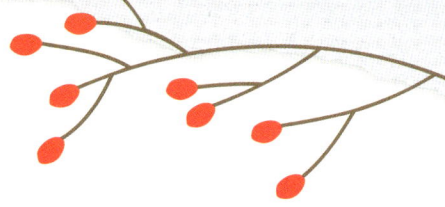

Material

★ 5–8 Treibholzäste
(oder Äste ohne Rinde)
★ Wackelaugen, ø 6 mm und 1 cm
★ Lerchenzapfen
★ 1 Kastanienschale
★ 1 Lampion einer Lampionblume
★ 1 Esskastanienschale
★ evtl. Fotokartonrest in Weiß
★ evtl. Buchstabenstempel
und Stempelkissen
★ Schleifpapier
★ Holzkleber
★ Klebestift

3. Lege einen Ast als Schild quer über deine Familienmitglieder. Wenn es passt und gefällt, klebst du alles mit Holzkleber fest, wie es vor dir liegt. Lass es gut trocknen.

4. Bringe dann mit Klebestift Wackelaugen an deinen Familienmitgliedern an und befestige noch Lampions, Kastanienschalen, Lerchenzapfen usw. als Haare oder Mützen.

5. Zum Schluss schreibst du euren Familiennamen mit Permanentmarker direkt auf das Schild, dann hält es auch Wind & Wetter stand. Oder du stempelst den Namen auf ein Stück Fotokarton und klebst ihn auf.

So wird's gemacht:

1. Schleife zuerst die Äste schön glatt. Falls du keine Treibholzstücke hast, kannst du auch Äste aus dem Wald nehmen, die Rinde entfernen und sie anschließend mit Schleifpapier bearbeiten.

2. Dann ordnest du die Äste nach Lust und Laune oder nach Familiengröße nebeneinander an. Achte darauf, dass du ähnlich dicke Äste verwendest, dann fällt der nächste Schritt leichter.

Tipp:

Natürlich kannst du euer Schild auch bunt anmalen. Am besten eignen sich farbige Permanentmarker oder Acrylfarbe dafür.

43

Schatzkistchen
aus Walnuss

mittel

Material
★ Walnüsse
★ Acrylfarbe in Silber
★ Satinbandreste in verschiedenen Farben
★ Alleskleber
★ Schlitz-Schraubendreher

So wird's gemacht:

1. Zuerst knackst du die Schale deiner Walnuss in zwei Hälften. Lass dir dabei von einem Erwachsenen helfen. Damit die Kanten deiner Schalen möglichst gerade sind, nimmst du am besten einen Schlitz-Schraubendreher zu Hilfe. Stecke ihn vorsichtig in die weiche Stelle oben mittig an der Walnuss. Drücke den Schraubendreher langsam immer weiter in die Nuss hinein, solange bis sie in zwei Hälften knackt.

2. Dann holst du das Innenleben aus der Walnuss heraus. Leere die Schalen so gründlich wie möglich. Auch hier hilft dir der Schraubendreher.

3. Male anschließend die Innenseite der Nuss mit Acrylfarbe in Silber an und lass alles gut trocknen.

4. Um die Nussschalen an einer Seite wieder zu verbinden, schneidest du ein ca. 4 cm langes Stück Satinband ab. Lege die Hälften passend aufeinander und klebe das Band seitlich erst auf die eine, dann auf die andere Hälfte. Wenn der Kleber getrocknet ist, kannst du deine Schatzkiste auseinanderklappen und mit kleinen Schätzen befüllen.

Tipp:

In diesem kleinen Schatzkästchen lassen sich auch prima Geheimbotschaften oder Geschenke wie Bonbons oder Freundschaftsringe verschenken.

Naturschätze
im Eis

mittel

Material

★ runde Plastikschale
 oder -schüssel
★ leeres Marmeladenglas
★ 5 Haushaltsgummis
★ Beeren
★ Hagebutten
★ Blätter
★ Zapfen
★ Tannenzweige
★ Blüten
★ Teelicht

So wird's gemacht:

1. Probiere in deiner Plastikschüssel aus, wieviel Wasser du in etwa brauchst. Koche die passende Menge in einem Topf einmal sprudelnd auf und lass sie dann abkühlen.

2. Schlinge je zwei Haushaltsgummis längs und zwei quer um die Schüssel. Ein weiteres Haushaltsgummi kommt um das Marmeladenglas.

3. Dann steckst du das Marmeladenglas mittig in das entstandene Gummi-Quadrat. Das Glas sollte ca. 2 cm Abstand zum Boden der Schüssel haben. Vielleicht musst du das Gummi ums Glas entsprechend verschieben, damit es gut hält.

4. Fülle nun das abgekochte Wasser in die Schüssel. Das Marmeladenglas bleibt leer.

5. Stecke Beeren, Zweige und Früchte nach Lust und Laune in den mit Wasser gefüllten Zwischenraum und stelle die Schüssel anschließend über Nacht ins Gefrierfach.

6. Am nächsten Tag löst du die Form aus der Schüssel. Dafür füllst du zuerst ein bisschen warmes Wasser in das Marmeladenglas. Wenn das Eis ringsum angetaut ist, ziehst du das Glas heraus. Dann drehst du die Schale um und löst sie vorsichtig vom Eisblock.

7. Jetzt brauchst du deine Eisform nur mit der Öffnung nach oben an deinem Lieblingsplatz aufzustellen. Setze noch ein Teelicht hinein und schon leuchtet ein hübsches Eislicht für dich.

Tipp:
Besonders lange hält sich dein Eislicht, wenn du es bei Minusgraden draußen in den Garten oder auf den Balkon stellst.

Schwebendes Bienenhotel

mittel

Material

★ Birkenrinde, ca. 10 x 30 cm
★ ca. 10 dünne Schilfrohre
★ 2 Kastanien
★ 2 Wackelaugen, ø 2 cm
★ Schnur, ca. 1 m lang
★ Nadel mit breitem Nadelöhr
★ 2 Haushaltsgummis
★ Schnitzmesser
★ Gartenschere
★ Alleskleber

So wird's gemacht:

1. Schneide mit einer Gartenschere aus dünnen Schilfrohren ca. 10 cm lange Stücke zurecht. Du brauchst ca. 60–70 Schilfstücke für dein Bienenhotel. Achte darauf, dass alle ungefähr gleich lang sind.

2. Lege die Schilfstücke zu einem Bündel zusammen und schlinge zur Befestigung zwei Haushaltsgummis drum herum.

3. Als Nächstes schälst du von einem Stück Birkenholz die Rinde mit einem scharfen Schnitzmesser ab, wie in der Grundanleitung beschrieben. Dafür solltest du ein Rindenstück aussuchen, das quer zum Baumstamm verläuft, so lässt sich die Rinde besser einrollen.

4. Falls du kein Birkenholz findest, das einen Umfang von 30 cm hat, kannst du auch zwei je 15 cm breite Stücke Birkenrinde abschälen.

5. Lege die Birkenrinde um dein Schilfbündel und klebe die überlappenden Rindenteile fest.

6. Befestige Wackelaugen auf jeder Kastanie und bringe die Kastanien dann auf dem oberen, vorderen Rand deines Insektenhotels an.

7. Zum Schluss fädelst du deine Schnur durch eine Nadel und ziehst den Faden durch eines der Schilfrohre, das mittig direkt unter den zwei Augen sitzt. Entferne die Nadel und verknote die Schnurenden. Jetzt kannst du das Bienenhotel aufhängen und gespannt beobachten, wann die ersten Gäste einziehen.

Kleine Kunstwerke

Augen auf beim Waldspaziergang! Hier lässt sich so viel Spannendes entdecken. Sieh genau hin! Die Natur zaubert unzählige Farben und Formen, aus denen du wiederum tolle Kunstwerke basteln kannst. Ob transparente Blütenteller, launische Steingesichter oder putzige Türwächter – deiner Fantasie sind keine Grenzen gesetzt.

Blätterkunst

zum Verschicken

superleicht

Material

★ Postkarten aus Fotokarton in Creme, 10 x 15 cm
★ verschiedene Blätter
★ Permanentmarker in Weiß, Schwarz, Rot und Rosa
★ Klebestift

So wird's gemacht:

1. Für dieses Projekt brauchst du eine Handvoll verschiedener Blätter. Achte bei deiner Auswahl darauf, möglichst viele verschiedene Formen und Farben zu sammeln.

2. Ist deine Sammlung vollständig, trocknest du die Blätter zunächst für ein paar Tage in einer Blumenpresse oder einem dicken Buch, dann bleiben sie schön flach und behalten ihre Farbe (siehe Grundanleitung).

3. Dann kannst du loslegen. Lege Gesichter, Tiere oder Fantasiewesen zuerst zur Probe vor dich hin. Gefällt dir dein Kunstwerk, klebst du es Stück für Stück auf dem Fotokarton fest.

4. Zum Schluss fügst du mit Permanentmarker noch Mund, Augen, Fühler oder rote Bäckchen hinzu.

Tipp:

Du kannst deinen Kunstwerken auch kleine Sprechblasen malen, in die du dann Botschaften hineinschreibst.

Putziger Kürbisigel

superleicht

Material

★ 1 Zierkürbis mit Spitze
★ Lerchenzapfen
★ 1 Hagebutte
★ 2 Eichelkappen
★ Permanentmarker
in Schwarz und Weiß
★ Alleskleber
oder Heißkleber
★ Zahnstocher

So wird's gemacht:

1. Zuerst malst du auf die Eichelkappen Augen auf. Benutze dafür einen schwarzen und einen weißen Permanentmarker. Dann klebst du die Augen auf die Kürbis-Vorderseite.

2. Stecke nun die Hagebutte als Nase auf die Kürbisspitze. Du kannst dafür auch einen Zahnstocher verwenden.

3. Zuletzt klebst du noch die Lerchenzapfen rings um den Kürbis fest. Nur den Kopf sparst du aus. Achte darauf, dass die Zapfen schön dicht nebeneinander sitzen.

mittel

Herbstliches
Windspiel

Material

★ *4 dicke Äste, ca. 25–30 cm lang*
★ *Schnur, ca. 4 m lang*
★ *Zapfen*
★ *Kastanien*
★ *Eicheln*
★ *verschiedene Blätter*
★ *Blüten*
★ *Glöckchen*
★ *Holzperlen in verschiedenen Farben, ø 2 cm*
★ *Juteschnur, ca. 3,20 m lang*
★ *Kastanienbohrer*
★ *Alleskleber*

So wird's gemacht:

1. Lege die vier dicken Äste zu einem Quadrat und klebe die Berührungspunkte zusammen.

2. Während der Klebstoff trocknet, durchbohrst du Kastanien, Eicheln und Zapfen mit dem Kastanienbohrer.

3. Reihe deine Naturschätze nun auf vier langen Schnüren auf. Dafür schneidest du zunächst vier 1 m lange Schnurstücke zu und verknotest jeweils ein Ende.

Fädle dann die Naturmaterialien zusammen mit den Holzperlen nach Belieben auf und knote hin und wieder ein kleines Glöckchen in die Schnur.

4. Wenn du alle Hänger fertiggestellt hast, kannst du dich um das Astgerüst kümmern. Sichere die verklebten Stellen jeweils mit einem ca. 30 cm langen Stück Juteschnur, das du kreuzförmig um die Äste wickelst.

5. Schneide vier 50 cm lange Juteschnurstücke zu und knote diese anschließend an je einer Ecke des Astquadrates an. Die verbliebenen Enden nimmst du zusammen und verknotest sie miteinander zu einem dicken Knoten.

6. Jetzt musst du nur noch deine vier Hänger am Astgerüst befestigen und dir im Garten oder auf dem Balkon ein schönes Plätzchen für dein Windspiel suchen.

Tipp:
Du kannst auf diese Weise auch witzige Monsteraugen oder niedliche Tiergesichter gestalten. Probiere es einfach aus!

superleicht

Launische
Steingesichter

Material

★ flache und runde Steine
★ Permanentmarker, ø 3 mm
in Weiß, Rot, Hellblau
und Schwarz
★ Permanentmarker, ø 0,8 mm
in Weiß und Schwarz
★ Bleistift
★ Mattlack in Transparent

So wird's gemacht:

1. Mach dich auf die Suche nach geeigneten Steinen. Am Ufer von Flüssen findest du oft schöne, glatte Kiesel. Du brauchst verschiedene Größen und Formen. Für die Augen benötigst du immer zwei möglichst ähnlich geformte Steine.

2. Dann kannst du loslegen. Zeichne deine Augen und Münder zuerst mit einem Bleistift vor. Bestimmt fallen dir die unterschiedlichsten Arten ein, wie du Münder, aber auch Augenpaare malen kannst. Lass deiner Fantasie freien Lauf!

3. Wenn du zufrieden bist, kannst du mit dem Ausmalen beginnen. Erst malst du die großen Flächen mit dem dickeren Per-manentmarker aus und lässt sie trocknen. Anschließend malst du mit einer anderen Farbe z.B. die Pupillen oder das Innere der Münder.

4. Danach umrandest du deine Zeichnungen mit einem dünnen Permanentmarker in Schwarz oder Weiß. Je nachdem, was besser dazu passt.

5. Damit deine Steine noch lange schön farbig leuchten, bestreiche sie zum Abschluss mit einer dünnen Schicht Mattlack. Jetzt kannst du deine Augen und Münder nach Lust und Laune miteinander kombinieren. Welches Gesicht gefällt dir am besten?

Türwächter
aus dem Wald

 ★ ★ ★

knifflig

Material
★ *2 Birkenäste, ca. 5 x 15 cm*
und 5 x 17 cm
★ *Juteschnur, ca. 1 m lang*
★ *8 Kastanien*
★ *Moos*
★ *2 Holzperlen in Rosa, ø 1 cm*
★ *Permanentmarker*
in Weiß und Schwarz
★ *grobes Schmirgelpapier*
★ *Kastanienbohrer*
★ *Alleskleber*

So wird's gemacht:

1. Bohre mit dem Kastanienbohrer in der Mitte und im unteren Viertel der Äste je einmal quer hindurch. Die Löcher sollten groß genug sein, um eine Juteschnur dort hindurch zu fädeln.

2. Schneide für die Arme ein 20 cm langes Stück Juteschnur zurecht und verknote ein Ende. Durchbohre zwei Kastanien und fädle die Schnur durch eine von ihnen hindurch und danach durch die Mitte des Astes. Dann fädelst du die andere Kastanie auf und verknotest das Schnurende.

3. Für die Beine gehst du genauso vor. Hier nimmst du aber ein 30 cm langes Stück Schnur und ziehst es durch das Loch im unteren Viertel.

4. Als Nächstes reibst du mit dem Schmirgelpapier im oberen Drittel der Äste ein ovales Stück Rinde ab. Zeichne dort mit Permanentmarkern Augen und Münder auf und klebe je eine rosafarbene Holzperle als Nase an.

5. Zu guter Letzt klebst du deinen Türwächtern noch Haare aus Moos an.

superleicht

Transparente Blütenteller

Material

FÜR EINEN TELLER

★ Pappteller, ø 18 cm oder 23 cm
★ 1 Blatt Transparentpapier, DIN A4
★ verschiedene Blüten
★ verschiedene Blätter
★ Schnur, ca. 50 cm lang
★ spitze Schere
★ Klebestift

So wird's gemacht:

1. Zuerst musst du für deine Teller eine Menge Blätter und Blüten sammeln. Schau dich um und trage zusammen, was dir am besten gefällt.

2. Jetzt kannst du loslegen. Schneide aus dem Pappteller mittig einen Kreis heraus. Am einfachsten geht das, wenn du ein Schälchen mit der Öffnung nach unten auf den Teller stellst und daran einen Kreis abzeichnest. Dann stichst du mit einer spitzen Schere einmal in die Mitte und schneidest ihn aus.

3. Befestige das Transparentpapier auf der Teller-Unterseite und schneide überstehende Reste einfach ab. Lege den Teller anschließend mit der Vorderseite nach unten vor dich hin.

4. Nun kommt der spaßigste Teil: Beklebe das Transparentpapier mit schönen Mustern aus Blüten. Lass deiner Fantasie freien Lauf. Wenn du mit dem Ergebnis zufrieden bist, drehst du den Teller um und befestigst dann ringsum Blätter wie einen Kranz auf dem Rand.

5. Zum Schluss stichst du mit einer spitzen Schere ein Loch in den Tellerrand und fädelst ein ca. 50 cm langes Stück Schnur hindurch. Verknote die Enden und hänge dein Kunstwerk in ein Fenster, damit Licht hindurch fallen kann.

Tipp:

Du kannst zu jeder Jahreszeit ein solches Kunstwerk gestalten. Schau dich einfach in der Natur um, welche Zutaten für dein Kunstwerk gerade zu finden sind.

Schwierigkeitsgrade:

Superleicht

Mittel

Knifflig

Modelle:
Grundanleitung, Modellerstellung und Anleitungstexte: Anita Fischer

Fotografie:
Anita Fischer: S. 6–9,
Nils Nienhagen: restliche Fotos

Illustrationen:
Fotolia: © tashka2000 (Untergrund Farbkästen S. 8/9, sowie aller Überschriften
und Tipps), © RoyStudio (Leinenborte), © katykin (Baumscheibe),
© marlene9 (Tiere und Pflanzen); Irina Gilgen (Illustration Schwierigkeitsgrad
und Hintergrund Blätter)